24 FEV. 1868

VENTE DU LUNDI 24 FÉVRIER 1868

MEUBLES D'ART

EN

MARQUETERIE D'IVOIRE

Sur Ébène et Noyer

TABLEAUX DÉCORATIFS

DEUX BEAUX

OBJETS ARTISTIQUES

En Argent ciselé

EXPOSITION PUBLIQUE

Le Dimanche 23 Février 1868

COMMISSAIRES-PRISEURS

M⁰ DELBERGUE-CORMONT || M⁰ ESCRIBE

Expert : M. DHIOS

PARIS — 1868

RENOU ET MAULDE

IMPRIMEURS DE LA COMPAGNIE DES COMMISSAIRES-PRISEURS

Rue de Rivoli, 144.

CATALOGUE

DE

MEUBLES D'ART

EN MARQUETERIE

D'IVOIRE, ÉBÈNE & CERTOSINA

DUS AU TRAVAIL DES PLUS

Habiles Artistes Milanais

DE

TABLEAUX DÉCORATIFS

ET DE DEUX

BELLES PIÈCES ARTISTIQUES

En argent ciselé

dont la vente aura lieu

HOTEL DROUOT, SALLE N° 8

Le Lundi 24 Février 1868

À 3 HEURES PRÉCISES

Par le ministère de **Me DELBERGUE-CORMONT,** Commiss.-Priseur,
rue de Provence, 8,

Et de **Me ESCRIBE,** Commissaire-Priseur, rue Saint-Honoré, 217,

Assisté de **M. DHIOS,** Expert, rue Le Peletier, 33

Chez lesquels se délivre le présent Catalogue

EXPOSITION PUBLIQUE

Le Dimanche 23 Février 1868, de midi à 5 heures.

PARIS — 1868

CONDITIONS DE LA VENTE

Elle sera faite au comptant.

Les Acquéreurs paieront, en sus des adjudications, CINQ CENTIMES PAR FRANC, applicables aux frais.

Les Meubles d'art dont nous donnons ici la description sont dus au travail des plus habiles ouvriers milanais de notre époque. On sait que ces ouvriers, véritables artistes en leur genre, s'inspirent des œuvres de la Renaissance et ont conservé avec soin les traditions de l'art italien au xvie siècle. Aussi, par l'élégante simplicité de leur forme, par la beauté de leur ensemble, la richesse et le fini de leur ornementation, les meubles qu'ils composent rappellent-ils le style sévère, la pureté de lignes et le caractère monumental des meubles anciens ou des édifices qui leur ont servi de modèles.

Ainsi, par exemple, les quatre Meubles décrits sous les n°s 1, 2, 3 et 4 de notre Catalogue offrent dans une partie de leur ornementation, prodigieux travail de marqueterie d'ivoire sur ébène, des motifs empruntés aux sculptures qui ornent les façades ou l'intérieur de ces palais et de ces églises de la Renaissance qui font l'orgueil de l'Italie et l'admiration des étrangers. Ce sont des rinceaux, des médaillons, des animaux chimériques, des têtes de mascarons ou mille autres capricieuses fantaisies entremêlées avec une infinie variété.

Nous signalerons encore, à cause de la richesse de leur décor, du fini de leur exécution et de leur style grandiose, les nᵒˢ 13 et 14, Meubles en marqueterie d'ivoire et bois de couleurs variées sur noyer, connus sous le nom de Certosina, et dont les premiers spécimens ont été fournis par les Chartreux du xvᵉ et du xvıᵉ siècle.

OEuvres de goût autant que de patience, les Meubles que nous mettons aujourd'hui en vente n'ont rien à redouter du voisinage des Tableaux de maîtres ou des curiosités les plus rares, avec lesquels ils s'harmonisent facilement sans leur nuire ni s'en laisser écraser. C'est dire assez qu'ils complètent d'une façon admirable, au point de vue de l'ameublement, les demeures les plus luxueuses et les Cabinets d'Amateurs les plus difficiles.

Nous recommandons en terminant la Pendule à l'éléphant et son magnifique socle en écaille rouge. tout garni de bronzes rocailles de l'époque Louis XV, — le Triton sonnant de la trompe, statuette en argent ciselé, beau travail milanais reproduisant, dans une dimension réduite, l'audacieuse et célèbre sculpture de Jean de Bologne, et enfin la jolie coquille montée en manière de coupe, au moyen d'une gracieuse garniture de statuettes et d'ornements ciselés en vermeil rehaussé de pierres fines de diverses nuances.

MEUBLES D'ART

EN MARQUETERIE D'IVOIRE SUR ÉBÈNE

— Très-joli Meuble à trois corps et de forme légèrement cintrée.

La partie inférieure est à trois vantaux et trois tiroirs séparés par des frises; celle du milieu a autant de portes et de tiroirs. Les portes de forme monumentale sont ornées de statuettes de déesses en bronze doré, placées dans des niches entre des colonnes à chapiteaux surmontées de vases en bronze ciselé et doré. Des pilastres, supportant un entablement avec galerie à balustres et vases, complètent la décoration de la façade du milieu. La partie supérieure du meuble, également ornée de trois niches avec statuettes de déesses, est couronnée d'une galerie à balustre au milieu de laquelle s'élève un cartouche à blason que soutiennent deux petits Amours.

Ce meuble est entièrement couvert d'incrustations d'ivoire sur ébène figurant des amours, des corbeilles de fruits et de fleurs, des oiseaux, des animaux fantastiques, des têtes de mascarons, enfin des motifs d'arabesques et de rinceaux à feuillages; — riches ornementations inspirées par les grands maîtres de la Renaissance en Italie.

2 — Meuble à trois corps, analogue au précédent , avec cette différence que la partie basse au lieu d'être pleine repose sur huit pieds à balustre, reliés par trois X à vases et ornements.

Les parties moyenne et supérieure du meuble offrent les mêmes dispositions et sont décorées dans le même goût.

3 — Magnifique Meuble formant cabinet.

La façade est divisée en trois compartiments : celui du milieu s'ouvre par une porte et deux tiroirs ; la porte de forme monumentale est ornée de quatre colonnes et d'une plaque en ivoire gravé, représentant le Triomphe d'Amphitrite. Les compartiments des côtés ont chacun une porte et trois tiroirs. Ce beau meuble, couronné par un fronton à armoirie et galerie à balustres et vases, repose sur une table-console à trois tiroirs soutenue par huit pieds à balustres et à pans.

Toutes les parties du meuble sont décorées d'inscrustations d'ivoire sur ébène.

Ce sont des médaillons gravés de sujets mythologiques, des cariatides, des vases de fruits, des têtes de mascarons, des oiseaux ; le tout entremêlé d'arabesques et rinceaux à feuillages d'une étonnante variété et d'une richesse inouïe.

4 — Meuble de même forme, faisant pendant au précédent et reproduisant les mêmes ornementations en ébène sur ivoire.

5 — Joli Cabinet à dix tiroirs et porte au centre. La porte et les tiroirs sont enrichis d'incrustations d'ivoire, re-

présentant des figures mythologiques, des animaux chimériques, des corbeilles de fruits et fleurs, des oiseaux enlacés d'arabesques et rinceaux à feuillages.

Ce petit meuble repose sur sa table-console à quatre pieds reliés par un X et décorés également d'incrustations d'une grande finesse.

6 — Autre Cabinet analogue au précédent.

7 — Table carré-long à quatre faces et quatre pieds à balustres reliés par un X. Le dessus est décorée de deux plaques en ivoire gravé, représentant une Dame et un Seigneur en costumes Louis XIII. Ces plaques sont encadrées de rosaces, d'ornements variés et frises d'une fine incrustation.

8 — Table de forme carré-allongé à tiroir et pieds à balustre reliés par un X. Sur le dessus, au centre, est une plaque en ivoire gravé, représentant Apollon sur son char. Des rosaces, des rinceaux à feuillages et des filets sont incrustés sur l'ébène alterné de palissandre.

9 à 12. — Huit Chaises en ébène sculpté et incrusté d'ivoire.

Les dossiers sont ornés de plaques en ivoire gravé représentant des personnages en costume Louis XIII, encadrés d'ornements à rinceaux, animaux chimériques et mascarons. Les pieds et les montants des dossiers sont sculptés et décorés de petites plaques d'ivoire où se trouvent gravés des amours et des rosaces.

Ces Chaises seront vendues deux par deux.

MEUBLES D'ART

EN MARQUETERIE D'IVOIRE & BOIS DE NOYER

DIT CERTOSINA

13 — Très-beau Meuble-Crédence, en deux parties.

Celle du haut s'ouvre à deux vantaux et est ornée de trois figures de femmes sculptées en haut relief et formant cariatides. La partie basse ou console à deux tiroirs est supportée par deux doubles cariatides de femmes ailées à pieds de griffes de lion reposant sur un socle saillant à moulures. Le meuble est couronné par un entablement à frise décorée de trois têtes de mascarons en relief.

Ce superbe meuble est couvert dans toutes ses parties d'une marqueterie d'ivoire et de bois reproduisant des rosaces de toutes sortes et des ornements variés à l'infini, dans le goût du précieux travail des anciens Chartreux italiens. Les cariatides et têtes de mascarons en bois sculpté sont dignes de Brustolone, le célèbre artiste vénitien.

14 — Grande et belle Table de forme carré-long à angles coupés.

Elle est supportée par quatre cariatides de femmes ailées à pieds en griffes de lion reliés par un X, avec vase placé au milieu.

Le dessus est décoré d'une grande rosace entourée de

quatre damiers, d'ornements et frises de la plus exquise délicatesse.

Travail semblable à celui du meuble précédent.

15 — **Deux beaux Fauteuils en X**, rappelant ceux des an-ciens Chartreux et de même travail que les deux pièces décrites ci-dessus.

16 — **Table carré-long**, décorée de rosaces, damiers et ornementations variées et d'une galerie en bois découpé en ogive et formant baldaquin.

Même travail que celui des numéros précédents.

17 — **Grand Meuble en poirier** à ornements en marquete-rie de bois et divisé en trois corps.

La partie supérieure, surmontée d'une sorte de dôme couronné par un fronton à coquille, est à deux vantaux avec glaces. Le milieu s'ouvre par une porte s'abattant et formant secrétaire. La partie basse est à quatre ti-roirs en manière de commode.

Bon travail italien du XVIIe siècle.

OBJETS D'ART

EN ARGENT CISELÉ

18 — Triton sonnant de la conque; statuette en argent.

Réduction de la célèbre figure de *Jean de Bologne*.

Le dieu marin, la tête jetée en arrière, souffle dans une conque de forme allongée qu'il tient de la main droite. Il est assis sur une sorte de siége formé par trois queues de dauphins entrelacées et repose sur un socle rond à parties planes dorées et gravées de petits Amours montés sur des dauphins. Ce socle est lui-même placé sur un piédestal également en argent, orné aux angles de cariatides de femmes aîlées supportant la corniche, et sur les faces de mascarons à têtes de faunes reliés par des guirlandes de fruits et se détachant sur fond doré et pointillé. D'autres guirlandes de coquillages, quatre rinceaux dans la frise de la corniche, un ornement à feuilles alternées de tridents sur les moulures du soubassement, complètent l'ornementation du piédestal.

Cette figure de Triton, audacieusement mouvementée, est d'une élégance de formes et d'un style magistral qui en font une des plus admirables créations de l'art à l'époque de la Renaissance.

Hauteur, piédestal compris, 75 c.

19 — **Belle et grande Coquille ou Casque montée en forme de coupe, et enrichie de statuettes et ornements**

variés en argent doré et ciselé, et parsemé de pierres fines de diverses nuances.

Sur le couvercle est accroupie une jeune femme nue; de son bras droit, orné d'un bracelet émaillé, elle enlace un petit enfant assis sur un coussin. Ses yeux se tournent vers un chien épagneul placé sur la volute de la conque au bord de laquelle est un pourtour décoré de consoles, de guirlandes de fruits et fleurs et d'une tête de mascaron. Quatre ornements courants et à perles relient la monture à son pied formé d'une statuette de Triton soutenant le vase sur ses épaules et dont les jambes, terminées en queue de poisson, se perdent dans les flots qui recouvrent le socle et où surnagent des dauphins.

Au-dessous du couvercle est gravé au poinçon un petit Amour monté sur un dauphin.

Cette jolie pièce, qui n'a pas moins de 40 centimètres de hauteur, est d'une forme des plus gracieuses. Les statuettes sont d'un modelé très-achevé, et les ornements d'une grande finesse de ciselure.

20 — Grande et belle Pendule rocaille, époque Louis XV.

Elle est supportée par un éléphant en bronze posé sur un très-grand socle ou boîte à musique en écaille rouge orné de belles applications à trophées d'instruments de musique en bronze ciselé et doré.

Magnifique pièce intéressante par sa forme originale et la beauté de ses cuivres ciselés. Elle est d'une bonne conservation.

TABLEAUX DÉCORATIFS

F. SNEYDERS 1647 (*Signé*)

21 — Meute de Chiens attaquant un Sanglier.

Toile. — H. 1 m. 80 c. L. 3 m. 25 c.

ADRIEN VAN UTRECHT

22 — Gibiers, Fruits et Légumes.
Corneille Schut a peint dans ce Tableau l'épisode
de Jésus chez Marthe et Marie.

Toile. — H. 1 m. 85 c. L. 2 m. 35 c.

FRANÇOIS SWAGERS

23 — Cinq grands Tableaux décoratifs représentant des
Paysages et Marines, ornés de figures et animaux.

Toile. — H. 2 m. 50 c. L. 2 m.

24 — Ancienne Tapisserie d'Aubusson, à personnages.

RENOU et MAULDE, imprimeurs de la Compagnie des Commissaires-Priseurs,
rue de Rivoli 144.   11741